跟着阿槑游中国

跟着阿槑 mèi
游 拉萨

阿槑 著绘

南京出版社

图书在版编目（CIP）数据

跟着阿槑游拉萨 / 阿槑著绘. -- 南京：南京出版
社, 2022.6
　（跟着阿槑游中国）
　ISBN 978-7-5533-3713-5

　Ⅰ. ①跟… Ⅱ. ①阿… Ⅲ. ①旅游指南－拉萨－通俗
读物 Ⅳ. ①K928.975.1-49

中国版本图书馆CIP数据核字(2022)第073422号

丛 书 名：跟着阿槑游中国
书　　名：跟着阿槑游拉萨
作　　者：阿槑
出版发行：南京出版传媒集团
　　　　　南 京 出 版 社
　　　社址：南京市太平门街53号　　　邮编：210016
　　　网址：http://www.njcbs.cn　　　电子信箱：njcbs1988@163.com
　　　联系电话：025-83283893、83283864（营销）　　025-83112257（编务）

出 版 人：项晓宁
出 品 人：卢海鸣
责任编辑：朱天乐
装帧设计：南京玲珑天文化发展有限公司
责任印制：杨福彬

印　　刷：江阴金马印刷有限公司
开　　本：710毫米×1000毫米　　1/16
印　　张：9.75
字　　数：117千字
版　　次：2022年6月第1版
印　　次：2022年6月第1次印刷
书　　号：ISBN 978-7-5533-3713-5
定　　价：48.00元

用微信或京东
APP扫码购书

用淘宝APP
扫码购书

欢迎来拉萨

目录

卓 玛

···◇ ZHUO MA ◇···

扎西德勒，大家好！我是卓玛，一个藏族女孩，日光之城拉萨是我的家乡。大家都说，拉萨古老而神秘，同时，我们朴实而幸福。我特别希望将这里的故事说给大家听。

扎 西

···◇ ZHA XI ◇···

扎西德勒，大家好！我是扎西，是卓玛的哥哥。我在拉萨开了一家藏风客栈，期待在这里认识五湖四海的朋友，也希望和大家分享拉萨的民俗风情，欢迎大家来玩哦！

阿 槑

···◇··· **A MEI** ···◇···

嗨！我是阿槑（méi），一名南京小杆子，喜欢旅行，是个吃货。这次我来到了世界屋脊的中心城市——拉萨，在这里我认识了好朋友扎西和卓玛，感谢他们带我领略了地道的拉萨之美。作为一名插画师，我把在这里的所见所闻都绘制成这本《跟着阿槑游拉萨》，希望大家和我一起感受这座千年文化古城的魅力。

▶ 人物介绍

文成公主进藏

▶ **CHAPTER I**

汉 与 藏 的 浪 漫 时 光

来自大唐的
和平使者

听说布达拉宫的壁画上就有这段故事呢！

布达拉宫还是藏汉民族团结的历史见证。

　　唐朝贞观十五年（641），一位碧玉年华的少女，带着汉族人民的祝福和藏族人民的期待，沿着漫长的唐蕃古道，从长安出发来到了3000公里外的西藏拉萨。

　　文成公主在吐蕃生活了近40年，促进了汉族与藏族的文化交流，也为唐朝和吐蕃带来了和平。

　　正因为文成公主的到来，布达拉宫崛地而起，大小昭寺禅音绵延，围绕着拉萨的故事，徐徐展开。

五难婚使

传说唐太宗贞观年间，吐蕃王朝第33任赞普松赞干布派出以大臣禄东赞为首的求姻使团，来唐朝国都长安求娶文成公主。不巧很多其他国家的使者也来到唐朝，求娶贤能智慧的公主，这使唐太宗非常为难。为了做得"公平合理"，决定让婚使们比赛智慧，唐太宗提出五道题，谁答对得多便可迎娶文成公主。

禄东赞找到一只蚂蚁，将丝线拴在蚂蚁的腰上，把蚂蚁放到九曲明珠的孔内，在另一孔处涂上蜂蜜，一会儿，这只蚂蚁便拖着丝线从另一端的孔中钻了出来。

其他几个使臣一筹莫展，只有禄东赞想出了办法。他运用吐蕃人民在游牧方面的丰富经验，把母马和马驹分开，让人暂时不给马驹吃草和饮水。过了一天，他把母马和马驹同时放了出来。只见母马嘶叫，马驹哀鸣，小马驹一个个跑向自己的母亲去吃奶，谜题解开。

1 九曲明珠

道具： 一根柔软丝线，一颗九曲明珠。
规则： 将丝线穿过珍珠。
难度： ★★☆

2 马驹认亲

道具： 一百匹母马和一百匹小马驹。
规则： 辨认出马驹儿是哪匹母马生的。
难度： ★★★

这些题目好难啊！

哈哈哈，所以禄东赞是真的很赞呀！

3 百羊宴

道具: 一百只羊。

规则: 在一天内吃完一百只羊,并揉好一百张羊皮,喝完一大缸酒而不醉。

难度: ★★★★

当其他使臣们面对大堆的酒肉束手无策时,禄东赞早已胸有成竹,他用轮流食作并进的方法,令随从们慢慢地小碗喝酒,边吃边喝边揉皮子,最后完成了任务。

这道题让使臣们纠结得头昏脑涨。禄东赞将木棒推进水里,头轻尾重,重的沉下,轻的浮在上面,将木头的头尾认得一清二楚。

4 孰头孰尾

道具: 一百根头尾一样粗的木头。

规则: 认出所有木头的头尾。

难度: ★★★★

5 百里挑一

道具: 蒙着盖头的穿着统一的三百名女子和公主。

规则: 找出文成公主。

难度: ★★★★★

使臣们和公主都素未谋面,这让人犯了难,但禄东赞早就打听到,文成公主喜欢的熏香很招蜜蜂的喜欢。于是他偷偷放出蜜蜂,蜜蜂便飞向有独特香味的文成公主,最终的难题也破解了。

人间是故乡——
《文成公主》实景剧

　　当夜幕降临，远山渐隐，公主告别了大唐，去向远方。白昼与夜晚、城池与山川，文成公主在四季的变幻中一路向西，大明宫、长安城、释迦牟尼等身像，逻些城、布达拉宫、巨幅唐卡……大型实景剧《文成公主》在拉萨河畔上演，向人们展现千年前的历史传奇。

　　《文成公主》大型实景剧融合了数十种藏汉非物质文化遗产元素，使观众既能欣赏到盛唐歌舞，又能欣赏到别具一格的藏舞、藏戏。该剧向观众展现了藏族民间文学、民间美术、民间手工技艺的综合魅力，在潜移默化中带领人们进入藏族历史文化的深处。舞台真实的情景让阿槑三人宛若身临其境。

　　"天下没有远方，人间都是故乡。天下没有远方，有爱就有天堂。"

　　在剧场的歌声中，高原的夜一点都不寂寞。

布达拉宫

▶ **CHAPTER II**

一 座 庄 严 而 神 圣 的 雪 域 圣 殿

再多的语言，都无法表达阿㮾站在她脚下所感受到的震撼。

关于布达拉宫缘何而建，有着不同的说法：一说是因为发展需要，一说是松赞干布为迎娶文成公主而建。这座具有 1300 多年历史、世界上海拔最高最雄伟的宫殿，珍藏着灿烂的藏文化，是名副其实的"世界屋脊明珠"。

圆满汇集道 和 平措堆朗大门

从布达拉宫门前的"无字碑"开始，一共有900多级的"之"字形的白色登山石阶，叫作"圆满汇集道"，是进入布达拉宫白宫的必经之路。在石阶的尽头，就是白宫的东门——平措堆朗大门。

跨过平措堆朗大门的门槛，就可见到门廊两边绘制的"护世四天王"巨幅壁画，也就是我们熟知的"四大金刚"，在《封神榜》《西游记》等小说里都曾出现过。

大门里是一条窄窄的廊道。这里没有窗户，只有几个深邃的墙洞，透过墙洞，能看见厚达4米的宫墙。听说宫墙是用三合土堆制，再用石头砌边而成。

布达拉宫门票

平措堆朗大门

德央厦

宫墙隧道的出口处，抬起头能看见左右两边的屋顶上分别悬挂着一个马皮鼓，这是旧时布达拉宫内的"报时钟"和"报警器"。穿过廊道，视野豁然开朗，眼前是一个面积为 1500 多平方米、离地面约六七十米高的宽阔广场，这是节日期间观看藏戏表演的场所，藏语叫作"德央厦"，意思是"东欢乐广场"。

海拔最高的厕所

德央厦北边有一间西藏传统旱厕，建在岩石悬崖边，它不仅是世界上海拔最高的厕所，也是高度落差最大的厕所。

由于地处悬崖地带，而藏区风大且气候十分干燥，所以使用者的粪便掉下去之后，很快就会被风吹走，有时候落到悬崖上，甚至还能听见回声。虽然这座厕所建成 300 年了，但至今未装满，而且也从来没有清扫过。

牛奶砌成的墙壁

每年拉萨冬季结冰前，布达拉宫都要进行墙体粉刷，以便更好地保护这座古老的建筑。白墙的粉刷原料与众不同，以产自拉萨羊八井的白灰为主，还会加入牛奶、砂糖、蜂蜜、藏红花，据说牛奶、蜂蜜能使墙皮不易脱落，加入藏红花可以防虫。正因为这些精细的原料，布达拉宫才能够经受住风吹雨淋，长期保持原有的风貌。

牛奶

砂糖

蜂蜜

藏红花

白宫最大殿

　　布达拉宫的主要组成部分分为白宫和红宫，从修建开始，便以外表粉饰的红、白不同颜色严格区分。

　　白宫是历代达赖喇嘛的寝宫和朝政之地，其中最大的宫殿是"东有寂圆满大殿"，藏语名称为"措钦厦"。

　　大殿建于1645年，由44根大柱支撑。大殿的梁柱、斗拱上雕刻着精致的图案，墙壁上绘有精美绝伦的壁画，其中《猴子变人》和《照镜子》的故事，在西藏家喻户晓。

在大殿内的宝座上
方，挂着同治皇帝所赐的
"振锡绥疆"金字匾额，
殿内还放着顺治皇帝册封
五世达赖的金印金册。

东西日光殿

　　白宫的顶层，是一东一西两个殿堂群。每个殿堂朝东、南、西的一面，都是落地的大窗，由于采光面积很大，从早到晚都能照射到阳光，所以俗称"日光殿"。

　　东日光殿，名为"噶丹朗色"，即喜足光明宫。正门左右悬挂着的两个"虎皮权力棒"，是权力和威严的象征。西日光殿是白宫早期建筑，名为"索南列吉"，即大福妙旋宫，由朝拜殿、经堂、修法室、护法神殿、卧室和厨房组成。

　　在西日光殿的一处过道墙上，挂着一幅汉族风格的"八仙过海"挂毯，色彩绚丽又栩栩如生，艺术感染力极强。

TIPS

正式进入白宫后就要开始计时，游客必须要在一小时内完成整个布达拉宫红宫和白宫的游览，而且是禁止拍照的哦！

布达拉宫的最高处 —— 红宫

红宫里有灵塔殿和佛殿，是包括达赖喇嘛在内的所有人从事佛事活动的地方。红宫是五世达赖圆寂后由第司·桑结嘉措修建的。修建时，除了从各地征集民工 5700 余人外，还有画匠、雕花匠、刻字匠、绘画匠、石匠、木匠、铸匠、金银铜铁匠、缝纫匠、泥塑匠等各种技工 1760 多人，康熙皇帝也派来了 114 名汉族和满族工匠。

把工人都给朕加满了！

其实红宫也可以说是多民族文化交流合作的象征呢。

布达拉宫屋顶装饰

红宫的金顶是布达拉宫的最高处，辉煌耀眼的金顶群，在阳光的照耀下反射出绚烂夺目的光辉。金顶的样式是仿照汉式建筑中的歇山顶而建，上面覆盖镏金铜瓦。宽阔的平台上，用牦牛皮、绸缎、黄铜、合金等材料做成的法幢，耸立在南侧的墙体顶上，高低不等的七座金顶将西、北两侧连成磅礴的一片。

在这里，你可以俯瞰拉萨市的全貌。站在拉萨市区，也能看见红宫的金顶，金色光芒中包含着神圣与高贵。

我在这里选址，后人不断地建造修缮，才形成如此恢宏的宫殿，为他们点个赞！

松赞干布

福田妙果

镇宫之宝 帕巴拉康

圣观音殿又称"帕巴拉康"或超凡佛殿，建于松赞干布时期，是布达拉宫最早的建筑之一，也是主供殿。圣观音殿和它下面的法王洞，是唯一留存下来的松赞干布时期的两个殿堂，具有其他殿堂无法比拟的历史和文物价值。

圣观音殿内主供着的观音菩萨像是由檀香木"天然形成"的。传说这尊佛像在战火纷争的年代里，不止一次被带出拉萨，辗转于各界人士手里，但每次又都奇迹般地重返布达拉宫。

TIPS

殿内门楣上方悬挂着的"福田妙果"匾额，由同治皇帝御赐，分别用汉、藏、满、蒙四种文字书写。

红宫最大宫殿
——西大殿

红宫西大殿"司西平措"，汉语的意思是西有寂圆满大殿，是举行各种大典以及重要法事活动的场所，也是整个布达拉宫里最大的殿堂。

西大殿里面有一对巨大的锦缎绣幔，这对锦幔是康熙皇帝为了纪念红宫的落成，命工匠们用金线编织而成，作为友好的见证。因为它特殊的历史意义，被视为布达拉宫的稀世珍宝之一。

西大殿中央高高悬挂着乾隆皇帝御赐的"湧莲初地"匾额。

西大殿门口是雍正皇帝御赐的"大悲超宗"匾额。

大昭寺与小昭寺

▶ CHAPTER III

一 对 姊 妹 寺 ， 千 年 菩 提 路

交换的两尊佛像

　　大昭寺和小昭寺是拉萨历史悠久的佛教寺院。这两座寺院，是松赞干布时期迎娶唐朝文成公主、尼泊尔尺尊公主时修建的。两位公主都从娘家带来了佛经和珍贵的释迦牟尼等身像。

　　寺院刚落成时，尺尊公主带来了释迦牟尼 8 岁等身像，供奉在大昭寺；文成公主从长安带来的释迦牟尼 12 岁等身像，供奉在小昭寺。

　　正是从两座寺庙交换佛像之后，前来朝拜的人络绎不绝，大昭寺周围形成了八廓街，"拉萨"之名也流传开来。

传说在公元 7 世纪时，为躲避战乱，吐蕃王将文成公主带来的佛像从小昭寺转移到大昭寺，藏在南门的夹墙里，并在墙上画了一幅菩萨像；又把尺尊公主带来的佛像搬到了小昭寺，安放在寺庙的主神殿里，以防万一。

过了 60 年，金城公主进藏时，提出要朝拜姑母文成公主带来的释迦牟尼佛像。这时候，被藏了几十年的佛像才得以重见天日。金城公主请出佛像后举行了隆重的法事，并把这座释迦牟尼 12 岁等身像供奉在了大昭寺的主神殿。于是，文成公主和尺尊公主带来的佛像就这样交换了位置。

也是从这时候起，这座原名叫"沃塘"的城市改名为拉萨，寓意"神仙居住的地方"。而大昭寺周围的八廓街，也是在这个时候形成的。

大昭寺

金色的
大昭寺

　　当清晨的第一缕阳光照耀在大昭寺的馏金殿顶时，地面上被磨得发亮的青石地板，已经留下了叩拜者的体温。

　　大昭寺始建于公元 7 世纪，至今已经 1300 多年。大昭寺又名"祖拉康"，藏语的意思是经堂，而"大昭"意为释迦牟尼。

大昭寺在初建时，融合了藏式、汉式和尼泊尔式三种建筑风格。四层高的大殿顶部覆盖着独具一格的金顶。

为了突出释迦牟尼佛殿，金顶做成了汉地的单檐歇山式，而且建造得十分高大，四角雕饰着张口鳌头铜雕。金顶上排列着三个精致的宝瓶，代替了汉式建筑的吻兽，这也是大昭寺的一大特色。

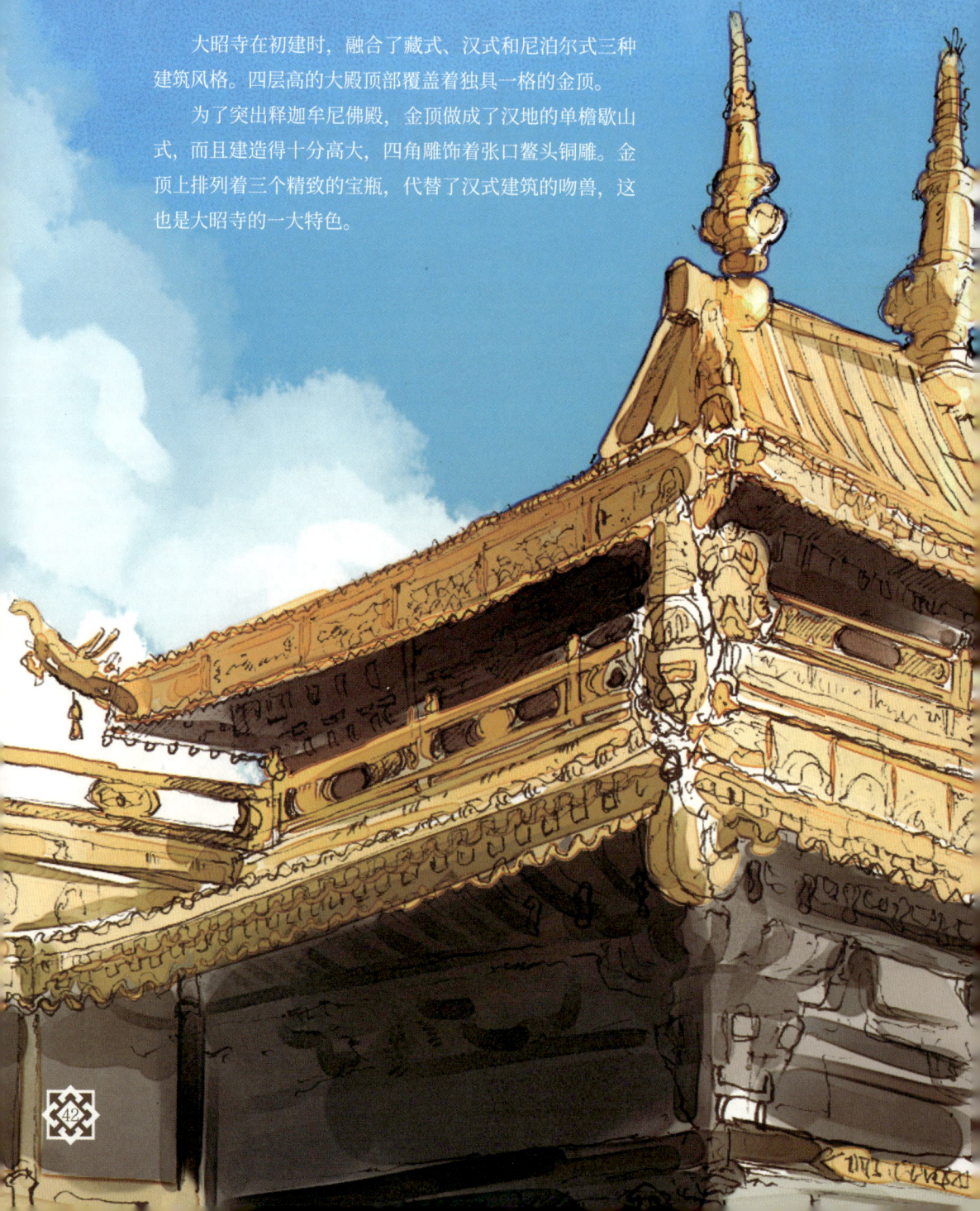

藏风小昭寺

　　与大昭寺相距不足千米的地方，就是为文成公主所建的小昭寺。小昭寺藏语名为"甲达热木齐祖拉康"，意为"汉虎大院藏经房寺"。

　　相传小昭寺修建之初是仿唐建筑，楼高阁峻，吸引了不少国内外的僧人前来修习佛法，后遭大火焚烧又几度重建，变成了现在藏式结构的样子。

　　小昭寺又称作上密院，是研读佛经颇有成绩的僧人进一步深造修习的地方。

大昭寺正门入口处的一座石砌院子里立着两块碑，一个是唐朝与吐蕃修好所立的"唐蕃会盟碑"，另一个是清代驻藏大臣记述其修建房舍以供出痘民众修养等事迹的"劝人恤出痘碑"。

唐蕃会盟碑

唐蕃会盟碑，又称"长庆会盟碑"或"甥舅和盟碑"，是公元823年吐蕃赞普为纪念长庆元年至二年间的唐蕃会盟所建。碑文上记述了唐蕃关系的始末，回顾了文成公主与金城公主先后嫁到吐蕃的经历。这块碑是表现藏汉民族友谊永存的极为重要的历史见证。

劝人恤出痘碑

清代乾隆年间，西藏天花肆虐，当时的驻藏大臣和琳，派人在藏北修建了专门安置天花病人的房子，1794年又修了此碑。

阿桑看到碑身坑坑洼洼很不平整，以为只是风化，没想到扎西说，这是当时百姓迷信，视此碑为圣物，坚信石碑的石粉能够治病，便用工具敲砸下石粉带回家去。在两碑的侧面，绕过围墙可找到已经枯萎的柳树，即著名的"唐柳"。传说当年文成公主将柳枝带到拉萨，亲手种植在了大昭寺前。

罗布林卡

▶ CHAPTER IV

是 赐 给 人 间 温 柔 的 梦

宝贝的绚烂花园

　　位于拉萨西郊的罗布林卡，藏语意为"宝贝园林"，也被人们称为"拉萨的颐和园"。这座典型的藏式风格园林，始建于 18 世纪，由达赖七世所建，是历代达赖喇嘛的夏宫。每年藏历三月十八日大地回春时，历代达赖会从布达拉宫移至罗布林卡办公，藏历九、十月间再返回布达拉宫，所以这里成了夏宫。

湖心宫

　　湖心宫藏语称为"措吉颇章"。两百多年前，按照汉式亭台楼阁的建筑风格和传统的一池三山的布局，在湖中央建造的湖心宫，称得上是罗布林卡最美的地方。倚栏而望，古木参天，芳草遍地，让阿槑产生了来到江南水乡的错觉。

藏戏场地

罗布林卡东南西北各有一门，正门在东面。从正门进入，映入眼帘的便是一座观戏楼——康松司伦，又称为威镇三界阁。这里原来只是一座汉式风格的小木亭，后来改建为观戏楼，专供达赖喇嘛看戏使用。

现在，每逢藏历的雪顿节，这里便是用来表演藏戏的地方。届时，当地百姓会穿上节日盛装，带上风干肉、酥油茶、酸奶和青稞酒，和家人一起观赏藏戏。

金色颇章

　　金色颇章位于罗布林卡西部的树林深处，又称"宠幸宫"，是十三世达赖喇嘛的专用宫殿。

　　金色颇章由上、中、下三层组成。最上层为小经堂，是平时休息阅经的地方。中层中央设有天井，南面是观戏楼。下层最为富丽，是听政的地方，两侧是官员候旨的门廊和朝房。

　　金色颇章内最为精彩的是雕塑、木刻以及壁画，除了藏式风格的雕像外，许多壁画中也体现了汉地的风貌，如五台山、颐和园万寿山、福禄寿喜图，等等。

纳木错

► CHAPTER V

这一刻，让心灵净化

镶嵌在高原上的宝镜

纳木错的美，可以让所有的形容词变得匮乏。蓝得没有一丝杂质的天和蓝得没有一丝杂质的水连为一体。白云低低地悬在半空，巍峨的雪山自云层中探出身影。在如此纯净的色彩的映衬下，纳木错隐约有些泛红的泥土越发显得细腻而温柔。

纳木错，藏语意为"天湖"。在当地流传着纳木错是天湖女神的传说，藏族人民相信纳木错的水是源自天宫的琼浆玉液，是天宫神女的一面绝妙的宝镜。在宝镜的南侧是终年积雪不化的念青唐古拉山，北侧和西北侧则是沧桑的藏北高原。纳木错湖面海拔高达 4718 米，是世界上海拔最高且面积超过 1000 平方公里的大湖。

美丽的传说

传说，女神纳木错与青年念青唐古拉是一对情人，他们不愿意离开彼此，于是变成湖泊和山峦相依相伴。

其实在距今 200 万年前，喜马拉雅山山脉运动使青藏高原大幅度隆起，有的褶皱隆起成为高山，有的凹陷下落成了谷地或山间盆地，再加上后来的冰川活动，雪水汇聚，就形成了天然的绝世之作——纳木错。起初，纳木错广阔无垠，后来由于高原气候的干燥，面积大为缩减，逐渐变为现在的模样。

　　纳木错的鸟类资源丰富，湖里的浮游生物为鸟类提供了饵料，人迹罕至的湖心岛为它们提供了理想的栖息场所。黑颈鹤、藏雪鸡、斑头雁、猎隼等数十种野生鸟类都是这里的常客。

合掌石

合掌石又称"父母石"，因为形态酷似两手合在一起而得名。相传它是父亲念青唐古拉山和母亲纳木错女神的化身，象征他们忠贞不渝的爱情。合掌石形成的洞径深约 4 米，传说走出此洞后，灵魂将得到净化，像初生的婴儿一样天真善良。

纳木错有许多美丽的溶洞，同时也伴随着许多美丽的传说。

善恶洞

在纳木错，流传着关于善恶洞的一种说法：善恶洞是一个警钟，你的行为是善是恶，上天都看在眼里。就像钻善恶洞那样，无论高矮胖瘦，只要你行得正坐得端便能穿过此洞，反之就应反省一下自己的过失。

寒冷高原上的暖流

▶ CHAPTER VI

来自大自然的温柔馈赠

海拔 4300 米的温泉

羊八井

TIPS

羊八井蓝色天国温泉里还有特别的藏药池，池子里放有红景天、藏红花等藏药，不仅能消除疲劳，还有缓解高原反应的功效。再加上温泉水里蕴含的多种矿物质，对关节炎、风湿病都有明显的疗效。

在拉萨有这样一句耳熟能详的诗："你初到羌塘，寂寞寒冷会使你惆怅；一旦投入她的怀抱，草原变成温暖的家。"而这样的温暖，就是羊八井带来的。

每天的清晨是羊八井最美的时候，天空微亮，因为寒冷而凝结出的白色雾气，将羊八井笼罩得若隐若现。远处的雪山和近处的湖水融为一体，仿佛轻灵的人间仙境。

羊八井虽然一年有八九个月处于冰封土冻的状态，但因为地热资源丰富，终年从地下向上翻涌着炽热的泉水，方圆40公里都被温泉散发出的蒸腾雾气所包围。

TIPS

这里的鸡蛋一般会从拉萨采购，单纯靠温泉的热度就能够煮熟，无论是蛋白或蛋黄都非常软嫩可口。

世界第一热泉 德仲

　　阿羆从没想过，在西藏竟然会有这么多的温泉，而且因为地理位置的得天独厚，西藏的温泉们都有着自己不同的特色。

　　温泉之旅的第二站，扎西和卓玛带阿羆去了海拔4590米的德仲温泉。这里被称为世界第一热泉，1400多年的时光荏苒，并没有让它有太大的改变。

　　德仲温泉位于墨竹工卡县县城东北方向，约73公里处的门巴乡德仲村境内，从拉萨开车需3个多小时。因为温泉水中有着硫黄、寒水石、石沥青等多种天然的矿物质，所以深受当地藏族人民和游客的喜爱。

　　寒冬腊月之时，来此温泉，温暖包裹，一瞥之间，便是雪顶入眼。

千余年的温泉

日多

　　温泉之旅的第三站——日多温泉，位于拉萨市墨竹工卡县的日多乡，其实离德仲温泉并不远，车程大约 2 小时。日多温泉是天然温泉，而且历史悠久，水质明亮清澈，被誉为"八功德之甘露"。经过科学研究，这里的地下热储温度可达 197.5℃，又因为温泉中的活性元素较多，因此该温泉水被命名为氟、硼、硅、砷、锂复合型医疗热矿水。

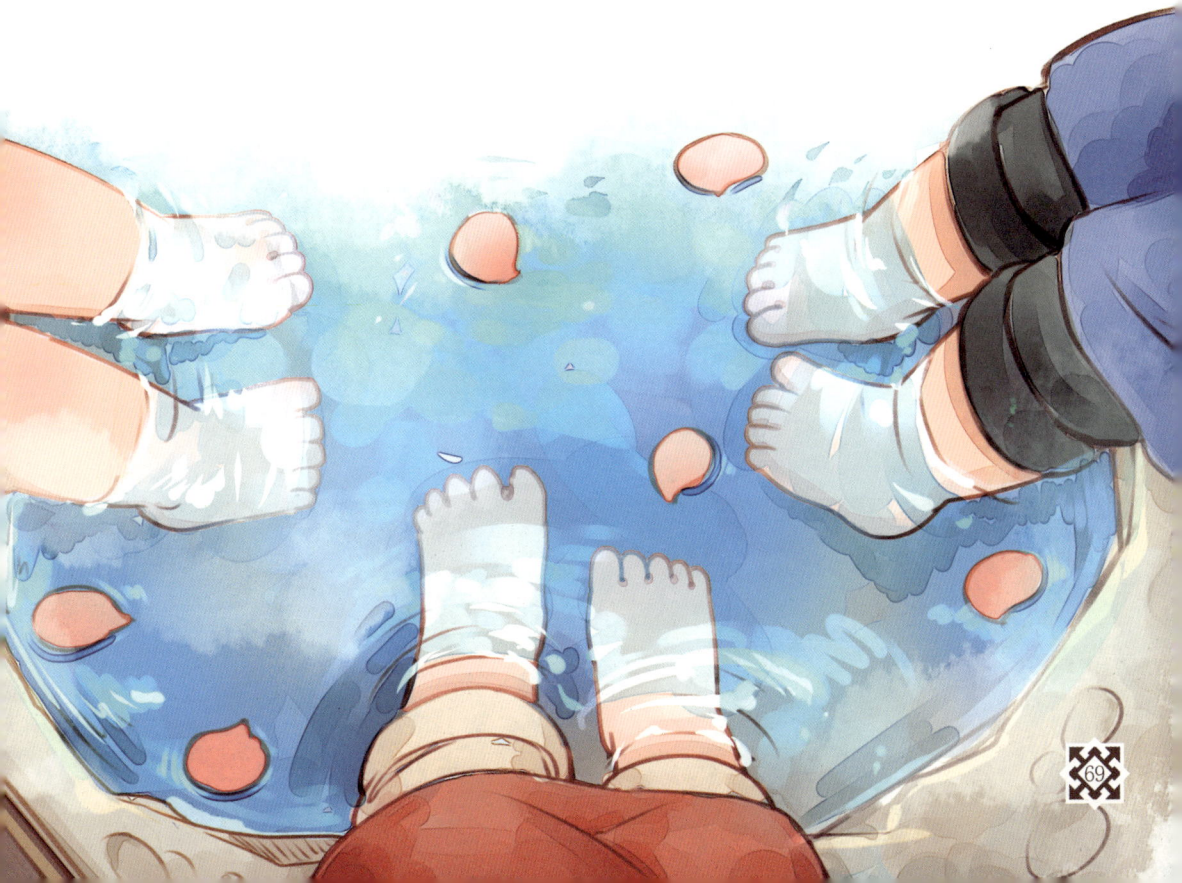

跟 / 着 / 阿 /

离天最近的生命们

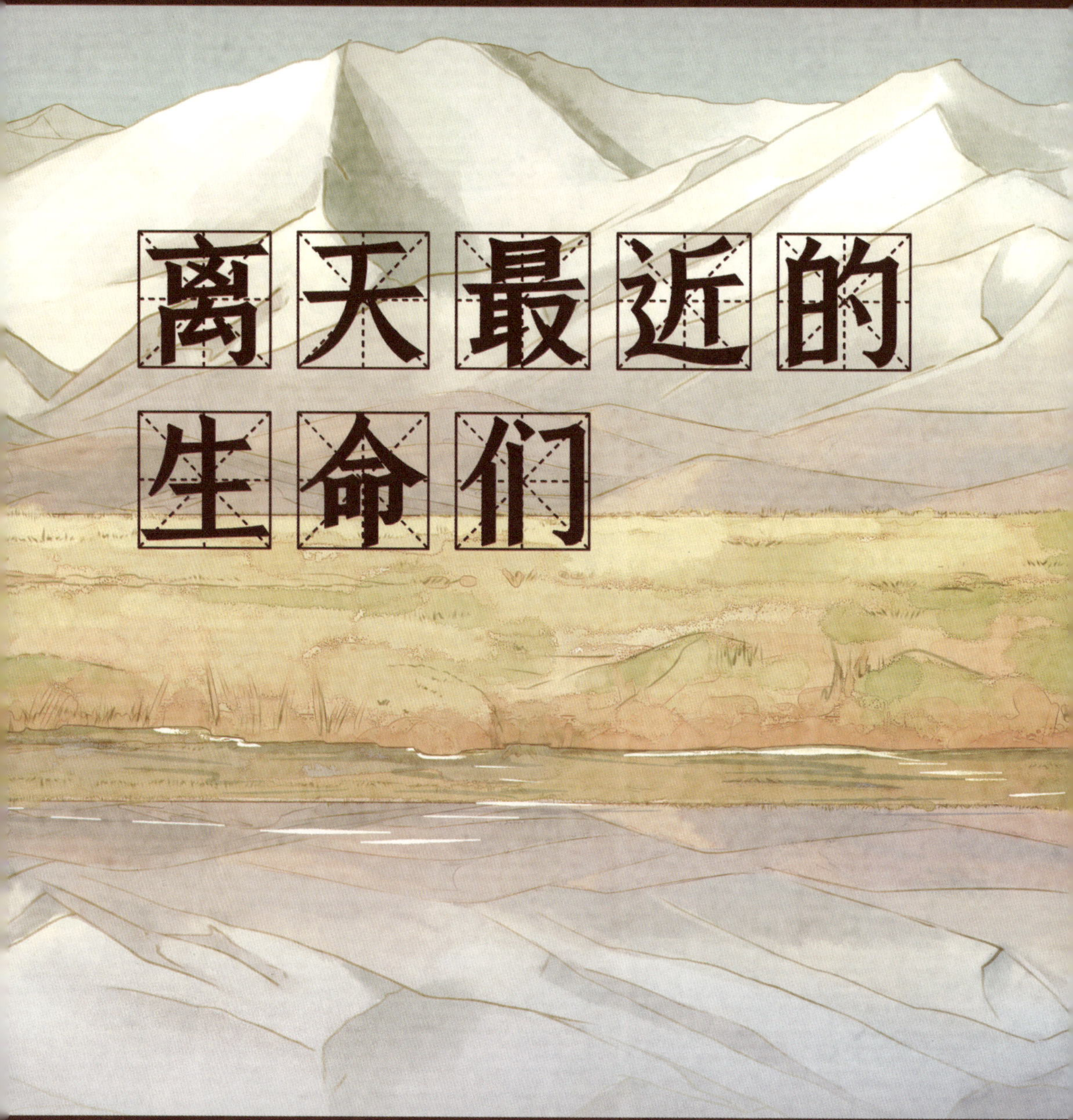

▶ CHAPTER VII

是 地 球 上 ， 那 自 由 的 生 灵

曲水动物园

　　在拉萨这样一片高原之地，动物们的生活有时候更加困难，曲水县的西藏拉萨净土健康动物保护园便因此建立，这里也被誉为高原上的动物天堂。曲水动物园是集观光、科普教育和动物安置为一体的动物园，乘坐观光巴士，可以看到藏区特有的生物黑颈鹤、藏狼、白牦牛等多种动物在这里享受着自由的生活。

热振国家森林公园

  在距离拉萨160多公里的林周县唐古乡，有一处高原秘境，超过22万株的千年古刺柏拔地而起，将山腹紧紧包裹。俗话说"天下柏香皆热振"，因为千年古刺柏的缘故，这里盛产柏香籽，且是西藏其他地方所没有的。

  古树和古庙，往往相伴而生。始建于1057年，有900多年历史的热振寺就坐落于古刺柏林中，在这里人与自然和谐地相处着。卓玛说，如果运气好，还能在这山林间瞧见被藏族人民称为"神鹿"的中国特有珍稀物种白唇鹿。

黑颈鹤国家级自然保护区

　　黑颈鹤是国家一级保护动物，也是世界上唯一生长繁殖在高原的鹤，目前全世界仅存 10000 只左右。拉萨的林周县有着著名的雅鲁藏布江中游河谷黑颈鹤国家级自然保护区，每年 10 月中旬开始，大批的黑颈鹤会陆续迁徙到这里越冬。近几年，林周县黑颈鹤数量稳定在 1700 只左右，最高达 2000 只左右。扎西说，为了更好地保护黑颈鹤，除了投建保护站、监察站外，林周县还增强对当地农民的知识普及工作，提高对于黑颈鹤的保护意识。

　　希望林周这片净土，能让世界唯一的高原鹤黑颈鹤更幸福地生活。

文化，
汇聚在这里

▶ CHAPTER VIII

民 族 的 ， 就 是 世 界 的

西藏博物馆

卓玛说，因为西藏文化的独特性和神秘性，想要饱览其中的精华之所，西藏博物馆是最合适的地方。这座坐落在拉萨罗布林卡不远处的博物馆，是国家一级博物馆，在这里可以欣赏到西藏的史前文明、千年的文化传承、民间艺术的瑰宝，以及藏族韵味的民俗风物。

Tibet Museum

每到一座博物馆，阿粿最喜欢的就是探一探这里极具社会影响和艺术价值的镇馆之宝。从 4000 多年前卡若文化诞生的双体陶罐，到乾隆年间的青花盉壶，西藏博物馆的镇馆之物可以说是跨越了千年在这里相聚。

朱墨彩绘双体陶罐

这是西藏新石器时代的陶器代表作，据考证应该是一件祭祀、庆典时使用的礼器，代表了当时卡若文化的最高制陶水平，意义重大，西藏博物馆的馆标原型就是它哦！

大元帝师统领诸国僧尼中兴释教之印

"帝师"是元朝廷封授藏传佛教首领的尊号。1270 年，忽必烈封授八思巴为首任帝师，代表着中央政府实现了对西藏地方的有效管辖和治理。

折枝莲托八宝纹青花盉（hé）壶

"盉"，最初为温酒的器具，后成为一种礼器。博物馆馆藏的盉出自景德镇官窑，据传是乾隆皇帝给达赖喇嘛的礼物。

牦牛博物馆

牦牛,藏语叫"亚",主要分布在以青藏高原为中心的高海拔地区,是高原人民最亲密的朋友和战友,有"高原之舟"之称。

刚进入牦牛博物馆,阿final第一眼看见的便是用藏、汉、英3种文字书写的"牦牛精神"——憨厚、忠诚、悲悯、坚韧、勇悍、尽命。

卓玛说,藏族驯化了牦牛,牦牛养育了藏族。所以藏族从古走到今天,应当感恩牦牛。在感恩牦牛厅里摆放了128个牦牛头骨,都有属于自己的名字、性别和存活年龄。在藏族人民的心中,它们都有着自己的故事,是每个家庭的大功臣。

牦牛全身是宝，青藏高原海拔高气候寒冷，牦牛毛柔韧光滑、保暖性能好。藏区牧民们靠手工将牦牛毛捻成毛线，织成美观的毛毯、披风。雨雪天出牧披一件牦牛毛制成的风衣，遮风挡雨的同时又暖和舒适。

游牧民族会用黑色的牦牛毛来编制帐篷。牦牛毛帐篷在天晴时毛线会收缩，露出密密麻麻的小孔，透进阳光和空气。雨雪之时，毛线又会膨胀，进而把雨雪挡在外面。

牦牛肉、牦牛奶具有高蛋白、低脂肪的特点。用牦牛奶制作的酥油茶解渴、耐饿又能助消化。加工的牦牛肉干清香可口。不仅如此，新鲜的牦牛肉还能做成牛肉灌肠和血肠。

牦牛身体里还能长出牛黄，牛黄是我国传统名贵中药材。牦牛粪也是牧民的主要燃料。

牦牛作为高原的运输工具已经有 2000 多年的历史。

牦牛，是世界上生存海拔最高的哺乳动物之一（除人类外），据考证中国是世界牦牛的发源地，全世界90%的牦牛生活在中国青藏高原及毗邻的6个省区，牦牛品种也相对较多。

白牦牛

因为主要分布于甘肃省天祝县，所以又叫天祝白牦牛，因其毛色纯白且尾能染色，故被用于制成各式古典戏装及假发。

九龙牦牛

主要分布于四川省，是世界上体型最大的牦牛品种，毛绒产量也是最高的。不过，对于阿罙来说，九龙牦牛最大的优势就是，肉好吃。

高山牦牛

来自海拔4000米以上的西藏高寒湿润草场，高山牦牛经过调教后，性格温驯，耐力较强，能够驮载货物长途运输。

高原牦牛

主要产自青海南北的高寒地区，样貌更像野牦牛，尾巴又短又蓬松，走起路来像是在跳草裙舞一样。

八廓街

　　即使整个高原都笼罩在微凉的气候中，八廓街的清晨也不会因此寂寞。天刚微亮，街上就传来阵阵诵经声，偶有一声清脆的敲击木板声划过，是叩拜者合掌指向天空的虔诚。

　　八廓街围绕大昭寺而建，是拉萨三条著名的转经道之一，也是拉萨历史悠久的、最繁荣的一条街道。很多人把八廓街叫成"八角街"，扎西说是因为在拉萨的四川人占比很大，而在四川话中，"廓"与"角"的发音相近。

1000 多米长的八廓街，可以说是拉萨人文景观的缩影。

街道由手工打磨的石块铺就而成，两侧的民居多为传统藏式建筑。街道两边店铺林立，仅手工艺品商店就多达 120 余家，300 多个店铺经营着近万种商品。在阿羺看来，不论买或不买东西，单单逛逛八廓街，感受这里商业和文化交融的气息，也不失为一种独特的体验和享受。

藏银

藏银是藏族人民最爱的手工品之一，银器上的花纹，是经过"拔丝"工艺附着而上的。饰品带着复古的黑灰色和青铜色，有着独特的民族风格，粗犷豪放，造型古朴简约。

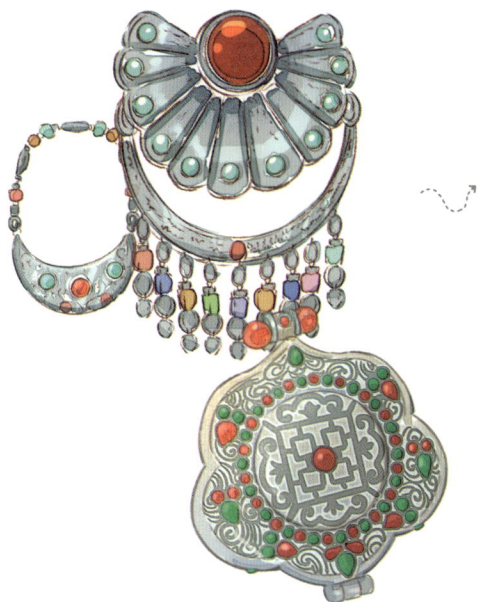

噶乌

藏语中的"噶乌"是护身符的意思，一般特指那些可以打开的小盒状的护身符。噶乌盒的材质也并不单一，有银做的，也有木做的。噶乌盒的制作精致小巧，常常会在面盖上装饰精美的藏文化图饰，有的还镶嵌各种宝石。

次仁金克霞帽

这是藏族最常见的帽子之一，也是最受游客欢迎的纪念品之一。这种帽子制作精细，男女戴法各不相同。女子会将前后两个帽檐折叠入帽内，只留左右两个小帽檐。而男子一般会把后面帽檐折入帽内。

由于靠近大昭寺，八廓街上有许多朝圣者和信众，如果想拍摄人像照片的话，一定要尊重当地的习俗，事先征得对方同意哦。

万亩花海
象雄美朵

白、蓝、红、黄、绿所象征的文化意义，是藏族的五色文化。卓玛说在西藏，有一个色彩最丰富的地方，那里如彩虹落于人间，将色彩铺染上大地。"象雄美朵"就是卓玛说的高原上的色彩汇聚之地，"美朵"藏语的意思是"花朵"。象雄美朵生态旅游文化产业园区种植了上万亩的花卉，有郁金香、北美海棠、丛生月季、薰衣草等，每个月都能看到高原上的专属色。

迎着阳光，踏着温暖，在风和日丽中放声歌唱，在云淡风轻里恣意起舞，这原本才是一切生灵最初的模样吧。

非遗，是民族文化在传承

▶ CHAPTER IX

来 自 雪 域 高 原 上 的 天 降 之 作

尼木三绝

拉萨市的尼木县，在西藏文明发展史上有着举足轻重的地位。这里不仅是藏文创立者吞弥·桑布扎的故乡，而且出产了藏文化传播的重要载体——被并称为"尼木三绝"的藏尼纸、尼木藏香和普松雕刻，它们的制作技艺也都成为非物质文化遗产。

1300 年前，松赞干布的大臣吞弥·桑布扎在尼木县创造了藏文字，据说尼木三绝的技艺也是他教给村民的哦！

普松雕刻

尼木藏香

来自海拔 3800 米的 藏尼纸

TIPS

　　造纸术是中国四大发明之一，而纯手工制作的藏尼纸可以说是中国造纸术的分支，据说产生于公元 7 世纪 40 年代，最早是用于僧人佛经的抄写。

藏尼纸

狼毒花

狼毒草根

藏尼纸的原料很难获取，需要匠人们攀登到喜马拉雅山脉 2000 米左右，采摘一种草本——狼毒的树根，狼毒俗称狼毒草。因为采后需要 5—10 年才可以重新生长，因此特别稀有。匠人们采摘回来之后，还要再经过数十道复杂的工序，才能最终制成纸品。

因为独特的原料和制造工艺，藏尼纸质地坚韧、耐磨耐腐蚀，可以保存上千年。

从牛角里挤出的 藏 香

　　说起藏香，阿槑印象最深的就是那充满自然气息的味道，那是刚进入高原就能体会到的地域风情。尼木县的尼木藏香被誉为西藏第一圣香，制香技术距今已有 1300 余年。

　　尼木藏香由 30 余种藏草药制作而成，如藏红花、檀香、长松萝、安息香、冰片、干草等。这些名贵的草药让藏香拥有了提神醒脑、预防感冒、增强睡眠等功效，在古代就成为皇家贡品。

一盒精美的藏香在拿到手之前，要经过十二道工序，制作的过程繁杂讲究。

制香的第一步是磨木泥，也就是将藏香的原料柏木、榆树皮研磨成泥。在科技工业如此发达的今天，尼木藏香仍然采用古老的"水磨"制法，如滴水穿石般，将厚重的柏木打成泥状。

阿㮾来之前特别好奇，为什么尼木藏香能被称为第一圣香。扎西说，这秘密就藏在磨木泥这道工序里。因为磨木泥的水一定要用吞巴河水，柏木中含有对人体有益的成分，而水磨的方式温和细致，吞巴河河水温度适中，可以更好地让柏木中的有益成分存留。

如果你开车驶过318国道，就能看见路边的水车在涓涓溪流间"咣当咣当"不停作业，那就是磨木泥的水车。

柏木研磨成泥之后，会制成砖块保存起来，用时用水浸泡开，混合各种药材、香料一起揉搓成泥，放入牛角制成的塑形器中。双手握住牛角，用大拇指在后端挤压木泥，木泥就沿着牛角的另一端小孔挤出，一根根放置在木框中，最后放置在阳光充足但温度不高的地方晾晒成形。

作为国家级非物质文化遗产的制香工艺，尼木藏香凝聚着藏文化的精髓，深含着藏族的历史文化底蕴。它吸纳了全世界最纯净的阳光，蕴含着雪域高原最芬馥的香氛，尼木藏香在烟雾氤氲中诉说着藏族人民的智慧。

木板上开出的花

尼木的第三绝，便是被誉为"雕刻之乡"的尼木县普松乡的普松雕刻。普松的雕刻技艺可追溯到公元 7 世纪，由石刻演变而来，现在只有这里还完整保存着这门古老的技艺。

普松雕刻的 30 多道工序全部由手工完成，工艺精湛、工序繁杂。刻板上的藏文字或是图案，都是打印或者写在纸上，然后反过来（正面朝下）粘贴在木板上而成的。当阿秌走进雕刻间，木屑味、油墨味瞬间扑面而来，带我们走进雕刻技艺文化的历史中。

雕刻用的木料是青冈木，雕刻前需运到羊八井，用温泉水浸泡约 1 小时。没经过浸泡的木板会容易开裂，不能成为雕刻材料哦！

用岁月烧制的
塔巴陶瓷

相传，1000 多年前，塔巴村一位村民偶然间把泥巴扣在自己的膝盖上做成了碗状，又模仿牛鼻子上的环做成碗的把手，由此发明了陶瓷制作技艺。这项技艺成就了民族特色手工艺——塔巴陶瓷。

用这种工艺烧制出来的塔巴陶瓷都是独一无二的，且图案特殊，结实耐用，是西藏陶器中的上品。

一个技术熟练的工匠，一天最多也只能做 3 个哦！

用心灵勾勒的艺术

——唐卡

在文字发明以前，人类最早是用图案来记录生活的，而唐卡，就是藏族人民用于记录藏族历史、社会风俗的绘画艺术，被称为"藏族的百科全书"。

唐卡，是藏语的音译，"唐"具有平坦、神圣、皮革等意思，唐卡即用天然的矿物颜料绘制在特殊布上的卷轴画。

唐卡的制作工艺极其复杂，绘制要求也极为严苛。画师绘制前需要举办仪式，然后开始制作画布，再进行构图、着色染色、勾线定型、铺金描银、开眼、缝裱、诵经开光等多个步骤。因此，一幅唐卡的制作，短则需要半年，长则十几年都是常事。

阿槑第一次看唐卡时，印象深刻的除了精美的画面外，艳丽的颜色也让阿槑的视觉受到了强烈的冲击。卓玛说唐卡的颜料都是用金、银、珍珠、玛瑙等物，以及藏红花、蓝靛等植物所调和出来的，颜色饱和度之高像是未掺杂任何的灰度，色彩之美，别具一格。

藏式佳肴

▶ CHAPTER X

天 山 暮 雪 ， 味 道 天 成

藏族人民的早餐

藏面与甜茶

在去西藏之前，阿槑就很好奇，藏族人民的早餐和咱们有什么不同呢？入藏的第二天，扎西和卓玛就为阿槑准备了一份最具特色的藏式早餐——藏面与甜茶。

一杯甜茶，是由红茶与牦牛奶融合，再加入蜂蜜、砂糖熬制而成，浓浓的奶香沁人心脾，藏族人民用它补充能量。初到藏区的人，还可以用甜茶来缓解高原反应。

一碗藏面，是用面粉做成的极粗的面条，不仅表面看着粗犷，且劲道十足，这可是在别处吃不到的口感。而这碗面的精华，就在于那入味的牦牛骨汤，吃着藏面就着酸萝卜，然后喝一口汤，开启一天的"槑好时光"。

一个外焦里嫩的牛肉饼，就着一碗晶莹剔透的凉粉，是夏日清晨对味蕾最好的慰藉。牛肉饼嚼劲十足，凉粉鲜滑爽口，一柔一刚的太极韵味让人一饱口福。

牛肉饼与凉粉

酥油茶

在西藏，人人离不开茶，那里的"茶文化"情调浓郁得难以化解。和甜茶一样，酥油茶是西藏的特色饮料，用清茶、盐巴和酥油直接打出来，是一味咸口的饮品。酥油茶起源于西藏，除了生津止渴、去腻充饥以外，对舒缓高原反应也有效果。

酥油茶是怎么制作的？

酥油是从牛、羊奶中提炼出的油脂，酥油茶由酥油、砖茶和食盐加工而成。首先用茶叶熬茶，撇去茶叶只取茶水，将茶水倒入竹筒后再加入块状的酥油，然后和茶水一起慢慢搅拌，边搅拌边加入盐，等到茶水与酥油充分融合时就可以饮用了。

用茶的礼仪

按照藏族习俗，主人敬献酥油茶时，客人要双手接过茶碗，先吹开上面的油脂皮，慢慢喝直到留一点底，这时候主人会马上续上，如此往复。直到客人自觉已经喝足，就可以一饮而尽不再留底，主人也就不会再添。

青稞米与青稞酒

青稞米在高原上种植的历史大约已经有 3500 年，是藏族人民的主要粮食。青稞里面含铁、钙、磷、锌等多种对人体有益的微量元素，最重要的是，青稞里面含有硒，是人体必需的微量元素。

青稞酒，藏语叫作"羌"，是藏族人民生活中必不可少的酒品。传说，文成公主把大唐先进的酿酒技术传到藏地，经改良，便成了青稞酒，也成为如今藏族酒文化的重要载体。

饮酒礼节和习俗

三种空弹方式

在西藏，有着"三口一杯"的饮酒礼节和习俗。以酒待客时，主人先在酒杯中倒满酒，端到客人面前。客人应当按"三口一杯"的习俗饮酒。

双手接酒

无名指轻蘸

沾酒上扬（最简单）

拇指、无名指轻蘸

拇指、食指轻蘸

向下弹

向上弹

弹酒三次后，轻呷一口，斟满，如此三次，最后整杯一饮而尽。

糌粑

茶

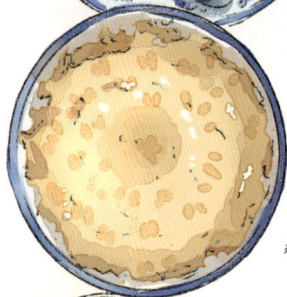

糌粑粉

酥油

白糖

主要食材

糌粑面，茶水（酥油茶、奶茶或清茶）。

做糌粑与舔糌粑

● 1. 将糌粑、酥油、白糖、细奶渣调匀后，再用手压平。

● 2. 倒入滚烫的茶汤，但不用搅拌。

● 3. 喝掉最上层的茶汤，然后用舌头舔食最上层被茶汤浸润的糌粑。

● 4. 如此不断添茶，直至将糌粑舔完。

糌粑是藏族人民的餐桌上最重要的传统主食之一，由青稞炒熟后磨制而成，营养丰富。

> **TIPS**
>
> 除此之外，糌粑还能做成糌粑饼干、糌粑土豆、糌粑粥、糌粑糊等美食。

牦牛肉

牦牛肉干藏语称作"夏岗布"，和普通牛肉比，牦牛肉蛋白高、脂肪低，而且富含多种氨基酸。在去扎西、卓玛家做客时，阿籴在餐桌上就见过一道牦牛肉制成的下酒菜，经过盐卤，切成薄片，再拌上辣椒，入口的美味让阿籴一直回味无穷。

藏族礼仪

▶ CHAPTER XI

洁白的哈达献给你

敬酒茶

　　扎西说入藏不饮青稞酒，就少体味了一种藏式生活乐趣。但是饮酒也有讲究，客人必须先喝三口，再满上一杯一饮而尽，这是约定俗成的规矩。若非如此，主人就会认为客人不懂礼貌。

　　在节日婚庆或多人聚会场合，一般是先向德高望重的长者敬酒，然后按顺时针方向依次敬酒。敬酒时一般用双手捧酒杯举过头顶，而对方用双手接过酒杯，用左手托住后弹酒，才能开始饮用。

磕头

　　磕头也是拉萨常见的礼节，除了在见到佛像、佛塔和活佛时磕头，藏族人民也会对长者磕头。

　　磕头可分为三种：磕长头、磕短头和磕头。在一些寺庙中，阿羺常常可以见到磕长头的人群。

献哈达

赠送哈达是藏族人民较为普遍的一种礼节。在藏族人民心中，哈达代表着幸福无边和吉祥如意。自古以来，藏族人民认为白色象征着纯洁与吉祥，所以哈达一般是白色的。当然也有颜色为蓝、白、黄、绿、红的五彩哈达，但是五彩哈达只在特定的时候使用。

向对方献上哈达时，必须用双手捧献，对方也必须用双手接过。切忌用一只手相送或一只手受礼。献哈达是对人表示纯洁、诚心、忠诚的意思，所以对于所赠送的哈达，人们都要珍藏起来。

鞠躬的礼节也可以分为两种。

对于长辈或是受尊敬的人，弯腰45度的同时，要把头戴的帽子脱去，帽子可以拿在手上或者放在距离自己不远的地上。

对于一般人或平辈，鞠躬只是表示礼貌，帽子只需要放在胸前，也不必弯腰，只需要略略低头致意即可。

鞠躬

藏历新年

▶ **CHAPTER XII**

一个少数民族的春日宴

在拉萨过新年

对于藏族人民来说，有个十分重要的"年"，他们把这个隆重的节日称作"藏历新年"，也叫"藏历年"。"藏历新年"蕴含着藏族深厚而悠久的传统文化，并入选了《国家级非物质文化遗产名录》。

藏历新年是藏族一年中最为隆重的传统节日之一，一般从藏历正月初一开始至正月十五结束，持续十五天。然而实际上从藏历十二月开始，藏族同胞便开始为迎接新年忙得团团转了。对扎西、卓玛口中藏历新年的一些习俗，阿穄很是好奇。

新年里的美味

切玛盒

切玛

    切玛，就是年前家家户户必定制作的一个五谷斗，在绘有彩色花纹的木盒左右两侧的格子里，分别盛放炒麦粒和酥油拌成的糌粑，上面插上青稞穗和酥油塑制的彩花。

鸡冠花

五色青稞穗

酥油花吉祥八宝

糌粑和酥油

麦粒

洛浦

过年时，家里还要用水浸泡一碗青稞种子，称为"洛浦"，让它在新年时节长出一两寸长的青苗。

切玛和洛浦这两样物品要供在神龛中，祈求来年五谷丰登。

洛浦

卡赛

临近节日，家里的女主人还要制作一种叫作"卡赛"的油果子。卡赛的形状多种多样，有耳朵形、蝴蝶形、条形、方形、圆形等。在卡赛里裹上砂糖，然后在外面涂上五颜六色的颜色，既能装饰神龛又能款待客人，这是女主人勤劳、智慧与热情的体现。

　　除夕前，藏族人民要做"古恰"，就是打扫庭院、张贴年画，代表辞旧迎新，和阿糅口中江苏地区的"扫房子""贴窗花"类似。大门上用石灰粉画出象征吉祥永恒、人寿粮丰的"卍"字。藏族男子还要到周边山上寻柏香树枝，为新年后煨桑备足柴火原料。

　　在灶房正中的墙上，藏族人民还要用干面粉画上"吉祥八宝"的图样。吉祥八宝是宝伞、宝鱼、宝瓶、白海螺、吉祥结、胜利幢、金法轮、莲花，这八种寓意吉祥的图形组合在一起，代表着藏族人民对生活的美好期望。

做『古恰』

古突宴会

　　"九"在西藏是个吉祥的数字，藏历新年的除夕是十二月二十九日。和汉族的农历新年习俗一样，在这一天，家家户户装饰完毕后都要吃一顿团圆饭，其中必吃的一种特殊的面疙瘩称为"古突"。古突由9种食物煮成，分别是：肉、糌粑、人参果、麦粒、芜根、奶渣、桃仁、萝卜、豌豆，会做成两种式样：一种是指头大小的，俗称猫耳朵；另一种是核桃大小的，里面包进各种各样的东西，例如羊毛、瓷片、木炭、辣椒等。

瓷片
酥油
萝卜
青稞
木炭
羊毛
葱
辣椒
硬币

每种东西都有它的象征意义，比如，吃出羊毛的人代表其心地善良，吃出辣椒说明其人泼辣，吃出木炭表示心黑，吃出豌豆表示圆滑，吃出瓷片表示纯洁等。说到这里的时候，扎西对着阿槑特别强调，这也只是一种娱乐不能当真，后来卓玛偷偷告诉阿槑，扎西曾经在古突里吃到过木炭。

有时候古突还会做成太阳、月亮、小脑袋、大肚子等形状。吃到太阳、月亮的表示吉祥幸福，吃到大肚子娃娃的人，还要接受惩罚，不仅要学驴叫、狗叫，还要喝九勺面汤，这是藏族人民在除夕夜的一种娱乐。按规矩，每个人要吃三碗古突，然后至少还要添加三次，就是在这样的嬉笑打闹中，快快乐乐地迎接新年的到来。

提水与折嘎礼赞

相传"地狱之王"辛者曲杰，在除夕之夜登上雪峰去喝雪狮的奶水，饮用时，漏下的奶水顺着陡坡流进江河源头。早起的人们舀到的第一桶水里就含了奶，喝了会健康长寿。

于是年初一一大早，家家户户的女人们都会去提水，用提来的"吉祥水"煮"青稞酒面"和"初一面"。

"折嘎"意为"白发苍苍的老人"，折嘎礼赞是西藏流传下来的一种说唱艺术。说唱折嘎的艺人，每逢大年初一破晓时分，就会发出吉祥欢乐的一喊，这就是折嘎礼赞。每当此时，家家户户都敞开大门，把他当作贵客迎进庭院。

祝福与拜年

　　扎西说，藏族人民正月初一基本不会串门拜年，他们会手捧切玛挨家挨户地祝福。当人们在街头相遇时，会互相从对方的切玛盒里拿一点糌粑、几颗麦粒向空中抛撒，并相互祝福"扎西德勒彭松措"，藏语意为"愿吉祥如意美满"，然后放进嘴里品尝。亲朋好友相互拜年是从初二开始。除此之外，扎西和卓玛还会去参加各种藏戏表演和跳锅庄、拔河、跑马射箭等娱乐活动。

开犁仪式

初五，农民们要举行开犁仪式，不仅自己会穿着节日盛装，耕牛也会被装扮得光鲜靓丽。有的耕牛额头上会贴上酥油图案，犄角上会插经旗和彩色羽毛，或者肩披彩缎，尾巴上系缤纷绸带等。

出发前，人们要给耕牛喂青稞酒和食物，喝了青稞酒的耕牛会亢奋奔跑，这预示着好兆头。

雪顿节

▶ **CHAPTER XIII**

你 好 ， 这 里 是 酸 奶 的 狂 欢 盛 宴

吃酸奶的宴会

藏历的六月三十日（阳历每年八月下旬左右），是举行藏族雪顿节庆典的日子，这是西藏最为重要的传统节日之一。

藏语"雪"意为"酸奶"，"顿"是"宴会"的意思，"雪顿"在藏语里意为"吃酸奶的宴会"。

历经千年变迁，雪顿节目前已逐渐发展成为集佛事活动、文艺汇演、旅游休闲、招商引资等多功能于一体的综合型文化旅游盛会。

既然被称为"吃酸奶的宴会"，那酸奶必不可少。雪顿节可以说是拉萨各类酸奶制品汇集而成的酸奶盛宴。初到拉萨，阿籀心中传统的酸奶概念就被彻底颠覆。

藏式酸奶是由牦牛牛奶发酵而成，质地是半凝固状态，就像拉萨湛蓝纯净的天空上点缀着的洁白浮云，吃着它，总有种如坠云端的感觉。

过林卡

过林卡，和汉语中的郊游、野炊差不多。

拉萨的雪顿节一般放假七天，趁着长假，拉萨各地的群众都齐聚在罗布林卡或城市周边的公园，与亲戚朋友围坐在一起过林卡。一家人吃着藏族独特的糕点，喝着自己煮的酥油茶和甜茶，尽情地享受着节日的欢乐。

"活化石"藏戏

　　藏戏, 距今已有600多年历史, 在藏语中称为"阿吉拉姆", 意为"仙女姐妹", 是每年雪顿节必不可少的项目之一。藏戏唱腔高亢雄浑, 故事多取材自民间故事、历史传说、佛教经典等。

俊巴渔村的假面艺术

　　藏戏在民间被称作"假面具戏"，因为表演者的脸上总是佩戴着寓意不同的牛皮面具。而这些面具，很多都出自拉萨曲水县的俊巴渔村。以前这里以捕鱼为生，而现在，在援藏扶贫的大力支持下，村民们利用曾经制作牛皮船的手工技艺，来制作传统民族风格的皮具和工艺品，走上了致富之路。

白色代表纯洁
红色代表威严
黄色代表吉祥
绿色代表柔顺
蓝色代表正义

赛马节

　　雪顿节少不了赛马，在这里你可以看到一匹匹被精心装饰、头戴红缨、颈系铜铃、身佩五色马鞍的骏马，还有各式各样的马术比赛及表演。选手大多是轻盈矫健的少年、青年，裁判枪声一响，百马争锋，蹄声如鼓。

纳木错 徒步大会

拉萨市每年都会举办纳木错徒步大会，这是全球海拔最高的大型山地徒步活动，徒步队员们可以通过徒步、骑行等方式游览拉萨地标性"打卡点"。从布达拉宫到高原雪山，从览胜天湖到慕雪冰川，徒步大会每年主题不同，路线各异，让更多的人能够用双脚丈量拉萨这座古老的城市，也亲眼记录城市的历史变迁。

万众一心，
用爱连接

▶ CHAPTER XIV

援 藏 ， 是 一 段 生 命 之 旅

达孜工业园

作为传统农业区县，二十年前的达孜几乎没有任何企业，看不到宽阔笔直的大道；二十年后的达孜却一跃成为全市乃至全自治区有名的工业区，这二十年的华丽转身自然少不了一批又一批的江苏镇江援藏干部的功劳。园区规划总面积 10 平方公里，并逐步形成以净土健康产业为核心，以高原特色生物及医药医疗产业、民族手工业产业、科技型新兴产业、现代服务业为依托的"一个品牌，四大产业"发展格局。

达孜工业园

墨竹工卡

　　墨竹工卡，一座千年古城，被誉为"天边之乡"，迎娶文成公主的吐蕃王松赞干布就出生在这儿。这里群山环绕、水草丰足，古时曾是西藏贵族们的"粮仓"。20世纪末，第一批南京援藏干部们来到了这里，在平均海拔4200米的墨竹工卡改善民生、发展生产。经过不断的接力，竭力奋战，这里已经成为西藏自治区拉萨市的经济发达县。

　　墨竹工卡千年来盛产油菜花，从松赞干布时期就已经大面积种植，用这里的油菜花制作而成的菜籽油，烟点高油烟少，品质媲美橄榄油。

天边墨竹小菜籽油

林园农场

林周农场

　　林周县在拉萨市东北部，有"拉萨粮仓"的美誉，也是苏州对口援建的城市。但其实在 20 世纪 60 年代之前，这里全部都是杂草丛生的荒地。进藏干部和知青踏入这片土地后，开始平整土地、修建梯田，于 1966 年建立了林周农场，逐步改变了靠天吃饭的局面，为拉萨粮仓的建设打下了坚实基础，为西藏经济发展作出了重要贡献。林周农场作为一个时代的产物，它见证着昔日热火朝天的生产场景，又目睹着西藏的繁荣稳定。

曲水

　　约 1300 年前，文成公主进藏，为藏族人民带来了诸多的粮食、药材，还有花种，但是由于环境恶劣，整个藏地只有曲水才能培育成功。因此，藏族人民把曲水县的这个乡称为"才纳"，藏语的意思是文成公主送来花海药城。

　　千年之后，曲水县因其得天独厚的环境优势，以及泰州的援建帮助下，秀色才纳净土健康产业园诞生。在 2 万亩的土壤之上，这里用先进的现代技术，培育着各类珍贵中草药和新鲜的有机水果。作为净土健康产业园区，这里变"输血"为"造血"，真正实现了农业增效、农牧民增收。

欢迎你来拉萨

▶ CHAPTER XV

扎 西 德 勒 贡 卡 姆 桑

日常藏语

"扎西德勒"

　　对于扎西德勒，阿桑也并不陌生。在藏语中，扎西德勒表示欢迎、祝福、吉祥等一切美好祝愿。当藏族朋友对你说"扎西德勒"，你也应该用"扎西德勒"作为回答。当接受了藏族朋友对你的帮助时，也可以说一声"扎西德勒"，以此来表示感谢。

"贡卡姆桑"

　　"贡卡姆桑"意为"你好"，经常用于初次见面。由于藏族人民热情友好的性格，这句话经常出现在阿桑的旅途中。

"托切那"

　　"托切那"意思是谢谢，当藏族人民用"托切那"表达他们的感谢时，你也不必觉得不好意思，热情的回应反而会让大家倍感亲切。

"恰苏么确嘎，亚娜恰阿莫确嘎？"

藏式早餐一般是酥油茶或者是甜茶，加一份藏面、一份土豆。当别人问你："恰苏么确嘎，亚娜恰阿莫确嘎？"便是"喝酥油茶，还是喝甜茶？"的意思。

"哑咕嘟"

到了拉萨，许多人都会发自内心地赞叹这里惊人的美景，"哑咕嘟"就可以用来表达此时的心情。除此之外，也可以用于表达"事情干得好"。

"啦嗦"

啦嗦意为"好的"，这是藏族人民日常生活中最常用的口头语，用于表达肯定回应。当你答应朋友帮忙做事的时候，便可回答"啦嗦"。

"杰斯杰永"

当你和朋友分别，看着对方的身影逐渐缩小至不见，也许你会在心中默念"杰斯杰永"，也就是"下次再见"。

这些不能做

为了防止阿槑礼节出错，扎西和卓玛告诉了阿槑许多需要注意的地方。

比如他们会在称呼对方时，在名字后面加个"啦"字，以示尊敬和亲切，直呼其名是万万不可的。而用手去触摸对方的头顶，在他们看来是非常不礼貌的行为。在用纸擦拭东西时，要注意纸上是否印有藏文。

扎西、卓玛告诉阿槑，在进入宗教场地时，一定要脱帽，女士要穿长裤。当参观路线为环形时，要从左往右绕行参观。类似转经筒、经轮之物是不可逆转的，所以最好不要随意触碰。

在纳木错，随处可见玛尼堆，这些玛尼堆都是藏族人民一块一块叠上去的，每一块石头都寄托着他们的一个心愿和福德。千万不可随意拿走玛尼石哦！

旅游小贴士

进入高原要注意

如果正处在感冒、发烧、过度疲劳等状态时，尽量不要进入高原地区，不然会容易引发高原病。三高人群也可以进入高海拔地区，但一定要做好防护措施。

在进入拉萨地区之前，要注意休息，不做剧烈运动。进入拉萨地区的当天尽量避免户外活动。如果到了拉萨后感到不适甚至发烧，首先要注意休息和吸氧，如果几个小时后仍未好转，建议就近就医。千万不要硬扛，以免加重病情哦！

多喝水

在拉萨的这段日子，阿槑经常听到扎西和卓玛的劝告：在拉萨要多喝水。因为海拔的原因，拉萨的空气较为干燥，非常容易引起口渴、口腔黏膜干燥、嘴唇干裂等问题，所以多喝水一定是有益的！而且由于高原阳光辐射和反射较强，人们的呼吸也会增强，水分会不断从肺内呼出导致流失，这也是在拉萨应该多喝水的原因。

当然，过量饮水也会增加心脏的负担，所以还是要适量哦。

预防高原反应

一般来说，像阿槑这样的平原居民，在海拔超过 3000 米的地方，或多或少会有高原反应。常见症状为头痛头晕、手脚肿胀发麻、呼吸困难、呕吐、浑身乏力、昏睡等。拉萨平均海拔 3650 米左右，纳木错更是将近 5000 米。所以在去拉萨前，可以随身携带一些预防高原反应的药物，或是提前 7 天开始用红景天泡水喝，从而减缓高原反应。

高原反应其实是一个适应性问题，最重要的是慢慢适应，海拔提升速度不要过快。同时，在高海拔地区，尽量不要做跑、跳等剧烈运动。

旅行防晒

　　拉萨地处高原，干燥多尘，紫外线强烈，这样的环境对皮肤十分不利。遮阳帽、墨镜、遮阳伞、防晒霜等防晒用品必不可少。

　　但是，防晒用品的准备是有学问的。如果遮阳帽过紧，脑门上就容易长痱子。防晒霜的防晒系数最好大于 50，墨镜最好能够防紫外线，镜片的颜色也不适宜太过花哨。进藏前也可以随身携带一些鼻腔外用软膏和润喉片，可缓解干燥带来的鼻喉部不适。

便携式氧气包

　　纳木错的海拔比拉萨还高了千余米，在拉萨没什么高原反应的阿槑，到了纳木错之后就开始有些许的不适。因此去纳木错这类更高海拔景点参观时，可以携带便携式的氧气瓶或氧气包，以应对突发情况。另外，越高海拔的地区气压越低，温度相对来说也更低，所以厚外套也是必不可少的哦。

拍照的禁忌

　　旅行当然要拍照记录美好时刻，但在西藏旅行，切记在近距离拍摄僧侣、妇女时，一定要事先征得对方的同意。另外在参观寺庙时要注意，很多地方是不允许拍照的，偷拍的后果十分严重。